Du *Mariage* aux *Noces*

Beaumarchais et la musique

Erik Orsenna

Souvenirs de Comtesses élyséennes

André Tubeuf

Erik Orsenna

Economiste, conseiller d'Etat, romancier et académicien français, Erik Orsenna a récemment publié une biographie consacrée à Beaumarchais (*Beaumarchais, un aventurier de la liberté,* Stock).

André Tubeuf

Ecrivain et critique musical, André Tubeuf a publié cette année *La Leçon Serkin* (Actes Sud), *L'Autre Strauss* (Chroniques du Théâtre des Champs-Elysées) et *Mozart, le Visiteur* (Papiers Musique).

Collection CHRONIQUES DU THEATRE DES CHAMPS-ELYSEES
Coordination éditoriale Nathalie Sergent

N° ISBN : 9 782365 950428

Atto 2do
12
Arietta di Cherub
2 violini
Viole
flauto
oboe
dolce
fagotto
Corni in E
pizzicati
Andante

Scena II.
Voi che sape=te che cosa è=

Portrait de Pierre-Augustin Caron de Beaumarchais
par Jean-Marc Nattier (1755).

Le personnage et la vie du Français Pierre-Augustin Caron tiennent du véritable roman picaresque. Horloger par tradition familiale, musicien et jusqu'à maître de musique pour la famille royale, poète, pamphlétaire, dramaturge censuré puis couvert d'honneurs aux quatre coins de l'Europe, homme d'affaires novateur, trafiquant d'armes, espion… Et surtout fin lettré, libertin et figure emblématique du Siècle des Lumières.

L'Italien Lorenzo Da Ponte est en quelque sorte son double au-delà des Alpes, avec l'entrée en religion en plus. L'histoire les a réunis, le *Mariage* théâtral du premier se métamorphosant en *Noces* musicales chez le second.

Double page précédente : Partition autographe du début de l'air « Voi che sapete » de Chérubin (acte II, scène 2)

Double page suivante : Portrait de Pierre-Augustin Caron de Beaumarchais, gravure début XIXe siècle

Plan de Paris établi par Jean Delagrive en 1740

Paris, en plein cœur du quartier des Halles, à deux pas de l'endroit où naquit Molière, un bon siècle plus tôt.

1740. Vingt-cinq ans après la mort de Louis XIV et la fin de son trop long règne.
Le siècle, dix-huitième du nom, s'enivre de liberté. Toutes les libertés. D'aimer, de savoir, de croire ou ne pas croire, de ne plus se soumettre, de vivre toutes les vies, en même temps. Et quelle meilleure incarnation de la liberté que la musique ? Comme l'eau qui court, elle enchaîne les situations et les métamorphoses.

1740. Pierre-Augustin a huit ans et... cinq sœurs. Chez les Caron, le bonheur et la musique sont affaires de famille. Lequel naît de l'autre ? Allez savoir. Dès leur plus jeune âge, les six enfants ont appris un instrument. Viole, flûte, harpe, violoncelle. On joue, on chante, on rit. Le père doit battre la mesure puisqu'il est horloger. La boutique, dans les Halles, au cœur de Paris, ne désemplit pas. Autant pour les montres que pour les concerts quotidiens. Gageons que l'air doit y être plus gai qu'ailleurs. Plus tard, dans *Le Barbier de Séville,* une phrase racontera cette enfance heureuse, et pourra servir de devise à la vie toute entière : « Bannissons le chagrin, il nous consume ».

Mesdames Victoire, Sophie et Louise, trois des filles de Louis XV
Dessus de porte de François-Hubert Drouais (1727-1775), Versailles, château de Versailles et du Trianon)

Photo Daniel Arnaudet / Jean Schormans

Mais la musique n'est pas que joyeux loisir. Une jeune ambition voit vite en elle l'alliée parfaite pour l'aider à gravir l'escalier social. N'appelle-t-on pas « marches » les morceaux les plus allants ? Comment Pierre-Augustin se retrouve-t-il, à vingt-deux ans, « maître de musique » des filles du roi Louis XV ? Mystère ! Et fureur probable d'innombrables musiciens bien plus savants que lui. Il n'importe. Le culot, comme on sait, abat les montagnes. Et quand on a grandi petit prince de cinq demoiselles...

La musique ne va pas arrêter là ce rôle de bonne fée. Autant vite compris que ni l'horlogerie ni l'enseignement du solfège n'apportait la fortune, notre héros entreprend de se faire adopter par un financier plus tout jeune. Ce genre de situation impose au candidat certes de prouver son utilité mais surtout d'amuser. L'âge venant, les hommes d'affaires s'ennuient. Remportera la timbale, le statut d'héritier, le collaborateur qui saura non seulement dénouer les dossiers complexes mais aussi écrire scénettes et ritournelles pour agrémenter les soirées du mentor. Beaumarchais va s'y employer avec un triple bonheur, le sien, celui du financier et celui de ses amis. Devenu leur coqueluche, il entre dans cette nouvelle famille.

La célèbre basse italienne Luigi Labache (1794-1858) dans le rôle de Figaro du *Barbier de Séville* de Rossini, gravure c. 1825.
Sa présence scénique et son sens du comique étaient tout autant salués que la qualité et la puissance exceptionnelles de sa voix.

Les biographes les plus avertis ne peuvent nous dire si Beaumarchais continua longtemps de promener ses doigts sur les claviers et les cordes.
D'autres jeux lui prenaient son temps.

Une chose est sûre : ses oreilles ne chômaient pas. Elles engrangeaient. Il faut dire qu'un long séjour en Espagne va lui donner de la matière. Fandangos et séguedilles ne vont plus le quitter. Son *Barbier de Séville* n'a pas besoin de Rossini pour être déjà opéra.

On dirait que tous les personnages chantent. Figaro et le Comte ne se séparent jamais longtemps de leurs guitares, Rosine ne cesse de fredonner. Et même le vieux Bartholo, à l'occasion, donne de sa voix, pourtant bien aigrelette :

Veux-tu, ma Rosinette
Faire emplette
Du roi des maris ?

Le passage du *Mariage* aux *Noces*, d'une pièce de théâtre à un opéra, est l'une des histoires les plus riches qui soient : une histoire qui éclaire à la fois la force d'une alliance entre un texte et une musique et le basculement de la liberté vers la révolution.

Beaumarchais *Le Mariage de Figaro*
Chromolithographie, courant XIXe siècle

Notez bien les dates : tout se joue entre 1781 et 1785.

Le 12 octobre de cette première année, dans les appartements royaux de Versailles, une femme lit. Normal, me direz-vous, puisque telle est sa fonction officielle en plus de son statut ô combien prestigieux de Première Femme de chambre de la reine.
Cette lectrice est Madame Campan. Et ses deux seuls auditeurs de ce jour-là sont Marie-Antoinette et Louis XVI. Elle lit un manuscrit dont on commence à beaucoup parler en ville. Il raconte une « folle journée », la préparation d'un mariage. Suzanne aime Figaro, Figaro aime Suzanne. Mais ils sont domestiques. Et le Comte, leur maître, a des vues sur Suzanne. Le vieux droit de cuissage devrait lui permettre de concrétiser son désir. A chaque réplique, la reine s'esclaffe tandis que son époux s'emporte de colère : « C'est détestable ! Ce ne sera jamais joué ! Cet homme déjoue tout ce qu'il faut respecter dans un gouvernement ».

Comment lui donner tort ? Non seulement le sujet même est de la pure insolence, mais certaines phrases remettent en cause le fondement même d'un régime dont on sent bien qu'il branle. Par exemple lorsque Figaro s'adresse en ces termes au Comte : « Parce que vous êtes un grand seigneur, vous vous croyez un grand génie. Noblesse, fortune, un rang, des places, tout cela rend si fier ! Qu'avez-vous fait pour tant de biens ? Vous vous êtes donné la peine de naître, et rien de plus. Du reste, homme assez ordinaire ».

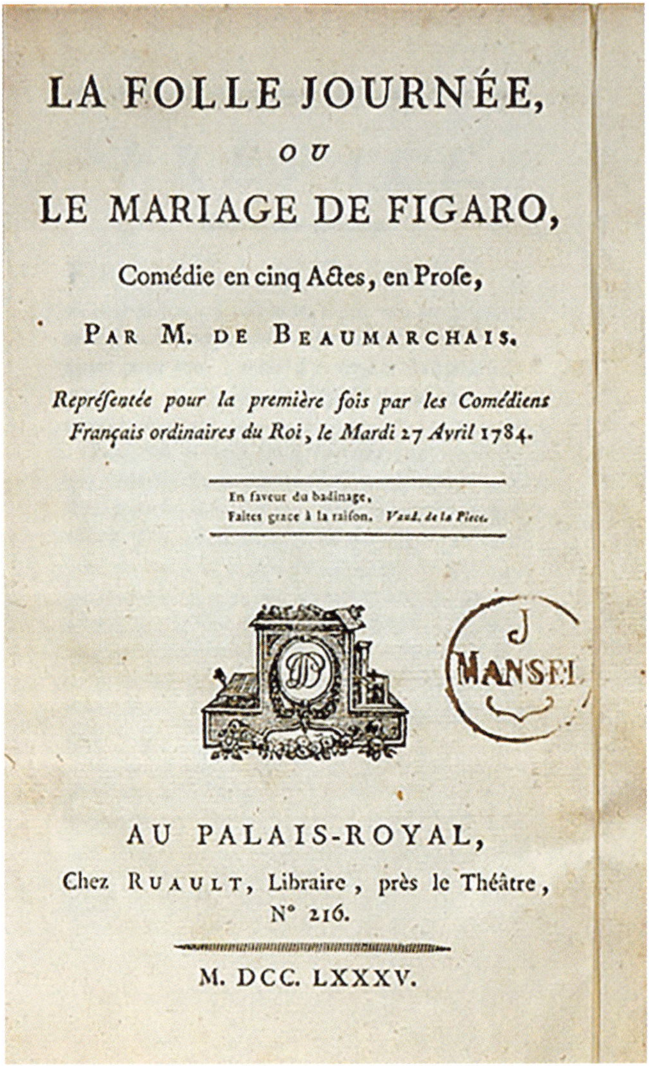

LA FOLLE JOURNÉE,

OU

LE MARIAGE DE FIGARO,

Comédie en cinq Actes, en Prose,

PAR M. DE BEAUMARCHAIS.

Représentée pour la première fois par les Comédiens Français ordinaires du Roi, le Mardi 27 Avril 1784.

En faveur du badinage,
Faites grace à la raison. *Vaud. de la Piece.*

AU PALAIS-ROYAL,

Chez RUAULT, Libraire, près le Théâtre, N° 216.

M. DCC. LXXXV.

Page de garde de l'édition originale du *Mariage de Figaro* de Beaumarchais, Ruault Librairie, 1785.

N'oublions pas que dans cette société, il faut être né pour être plus que rien. Danton et Robespierre diront tout ce qu'ils doivent à cette pièce et à ces phrases.

Beaumarchais est tout sauf révolutionnaire. Il aime trop l'existence pour cela. Et de toutes les sociétés, il préfère la sienne. Il a tout fait pour y grimper. Il s'est acheté un nom, et un titre. Il est fier de l'un, de l'autre et du bel argent qu'il gagne. Comment l'imaginer renoncer à ces acquis si chèrement payés ? Bien sûr, il faut garder une noblesse. Mais par rapport à celle qui vous vient par héritage, privilégier celle que vous avez acquise à la seule force de vos mérites.

Plus de deux années vont suivre durant lesquelles s'affrontent deux partis : celui de la reine farouchement favorable à cette comédie de cet irrésistible Beaumarchais. Et, derrière le roi, les partisans de la manière forte pour interdire ce brûlot.

Dix fois, les répétitions commencent puis s'arrêtent, sur intervention armée du Palais. L'auteur doit, précipitamment, s'en aller faire un petit tour à Londres pour éviter la Bastille. Finalement, un aristocrate ouvert, le comte de Vaudreuil, ose prendre tous les risques en invitant la troupe à venir jouer chez lui, en son château de Gennevilliers. A tout instant, on craint l'intervention de la troupe et une arrestation générale.

Portrait de Lorenzo Da Ponte en évêque, anonyme, 1759
Collection de la Cathédrale di Vittorio Veneto, Ceneda, province de Trévise, Italie

Mais la pièce parviendra à son terme. Louis XVI a cédé. Et le 23 avril 1784, les comédiens français présentent *Le Mariage* dans leur salle du Luxembourg. Triomphe. Un succès dont bruisse déjà toute l'Europe cultivée. N'oublions pas qu'à l'époque les élites du Vieux Continent parlent français.

Il se trouve qu'à Vienne, un certain jeune musicien cherche un sujet pour un prochain opéra. Il voudrait une histoire un peu « moderne ». On lui parle de *La Folle Journée*. Il s'enthousiasme et veut tout de suite « mettre des notes » sur ce *Mariage*. Problème : l'empereur Joseph II (par ailleurs frère de Marie-Antoinette) hait ce texte, qu'il a interdit, formellement, sur toutes ses terres.

Il fait donc appel à l'un de ces formidables personnages, typique de notre inépuisable XVIIIe siècle. Lorenzo Da Ponte, ex-séminariste renvoyé pour mauvaise conduite, est l'auteur d'un grand nombres de livrets écrits pour tous les musiciens du temps : Salieri, Martín y Soler, Righini... Par ailleurs, il occupe la charge prestigieuse, et bien rémunérée, de poète officiel de l'empire. A ce titre, Joseph II lui fait confiance. Dans ces conditions, rien de plus facile pour lui que proposer de raboter les passages les plus sulfureux de ce *Mariage*. Accord conclu avec l'empereur.

Double page suivante : Partition autographe du finale de l'acte II des *Noces de Figaro*

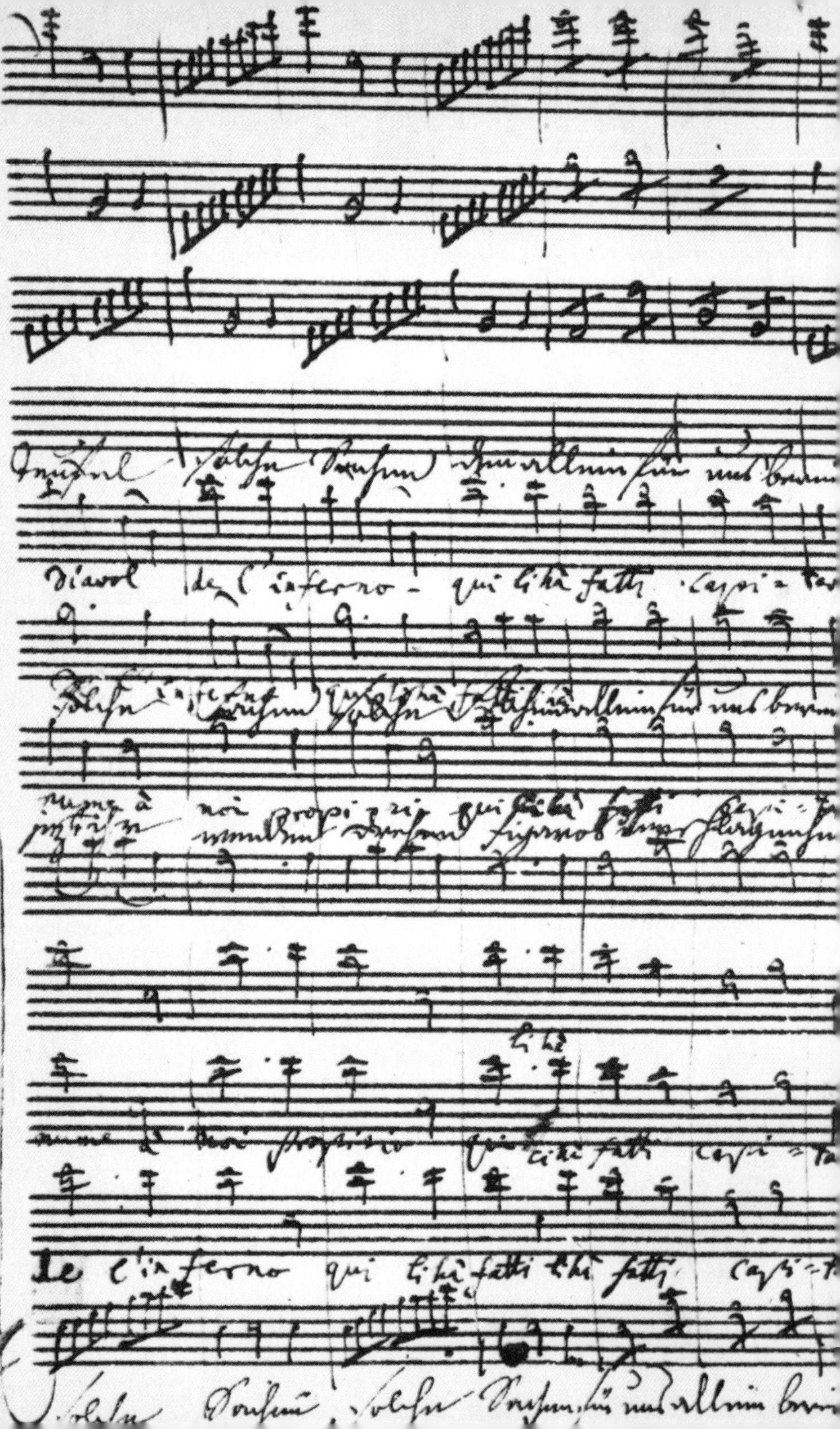
diavol de l'inferno - qui li ha fatti capi-ta
noi propizi
de l'inferno qui li hi fatti chi ha fatti capi-ta

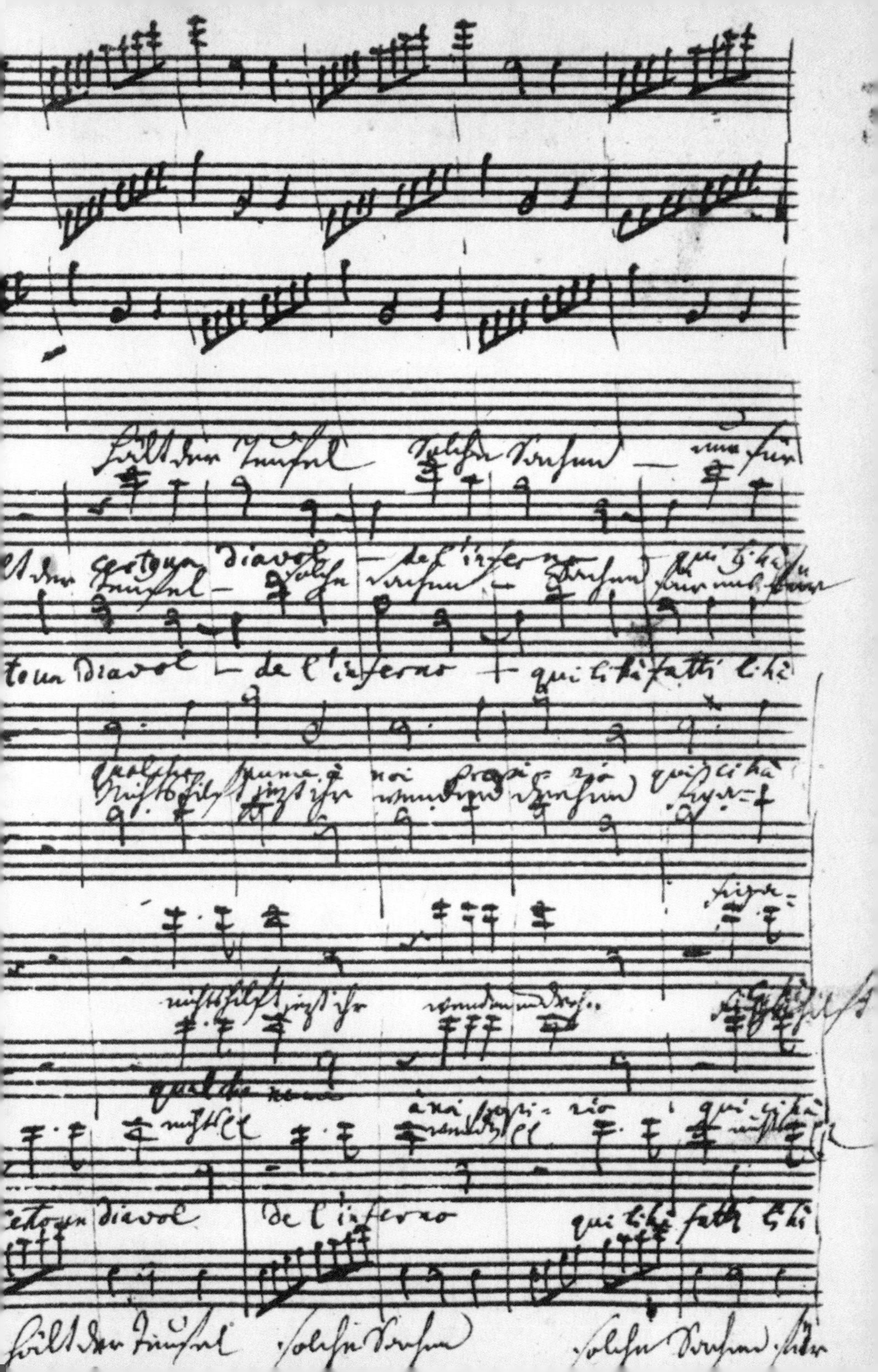
diavol
de l'inferno

« Mettre des notes »

Une fois le texte en sa possession, Mozart, selon la légende, ne prit que trois semaines, durant l'été 1785, pour « mettre des notes ». L'opéra fut offert au public le 1er mai 1786, sous la direction de Mozart lui-même. Les *bis* furent si nombreux que la représentation dura plus de cinq heures.

Etrangement, Beaumarchais resta sourd à ces applaudissements et se désintéressa de la nouvelle vie de sa pièce. Il ne devait revenir à la musique que deux ans plus tard et pour un projet qui ne restera pas dans les mémoires. Son rêve est de collaborer avec Gluck, âgé déjà de soixante-dix ans, mais qui, de création en création, continue de sillonner l'Europe. Beaumarchais le reçoit en grande pompe, le noie sous les flatteries. Peine et argent perdus. Le grand homme s'agace et, pour se libérer, conseille un élève à lui : le fameux Salieri. Contrairement à l'image détestable qu'en donnent Peter Schaffer dans sa pièce et Milos Forman dans son film *Amadeus*, cet homme est un musicien de belle qualité. Sa malédiction est d'avoir croisé le chemin et partagé l'époque de Mozart. Beaumarchais lui raconte son idée. Nous voici à Ormus, localité bien connue des géopoliticiens modernes car située... à l'entrée du golfe Persique.

Mais le pétrole n'est en rien le sujet de l'histoire. Le tyran local, Atar, craint que son premier général, Tarare, ne veuille lui ravir le pouvoir.

Affiche publicitaire pour la Première des *Noces de Figaro* de Mozart le 1er mai 1786 au Burgtheater de Vienne

Pour lui couper les ailes il fait enlever sa femme, la sublime Astasie. Elle sera sauvée par... un chanteur eunuque. Quel yaourt proche-oriental ! Salieri, qui, semble-t-il, avait toujours besoin d'argent, acceptera de lui coller une musique. Mais pas avant que... Lorenzo Da Ponte n'y apporte sa patte.

Décidément c'est la Comtesse que je préfère !

Même si Figaro et Suzanne sont la vie même. Même si Chérubin attendrit les cœurs les plus endurcis. Même si le Comte est nécessaire aux deux intrigues. Mais plutôt grand benêt dans le *Barbier*, avouons qu'il se révèle franchement odieux dans le *Mariage*.

Reste Rosine. Quelle triste destin qu'un « beau » mariage ! Grace Kelly aurait pu vous le confirmer.
On quitte une jeune fille rayonnante et confiante à la fin du *Barbier*, on la retrouve Comtesse mais triste car délaissée. « Il n'y a pas photo », selon l'expression bien connue. En émotion, Beaumarchais l'emporte largement sur Da Ponte. Les mots gardent des pouvoirs que les notes n'auront jamais.
Ecoutez les paroles de l'air célébrissime.
Comme elles sont niaises !

> *Porgi, amor,*
> *qualche ristoro*
> *al mio duolo*
> *a'mei sospir...*

Pas même besoin de traduire.
Heureusement que la musique est là qui nous emporte et nous bouleverse. Pas plus fraternel remède à la mélancolie que celle-là même de Mozart.

Pour toutes ces raisons, l'histoire qui se continue du *Barbier* aux *Noces* et se prolongera dans *La Mère coupable* raconte, en paroles et musique, le double temps qui passe : celui des êtres et celui des sociétés. De même que l'Ancien Régime s'achèvera dans la Terreur de la Révolution, de même la Comtesse perdra son insouciance, sa jeunesse, et l'amour qui les accompagnait. Comme aimait à le répéter Jacqueline de Romilly, qui ne savait pas que le grec : *We are not as young as we used to be.*

Chérubin aussi vieillira. Tendez l'oreille et regardez ces mains qui s'agitent. On se dirait sur le quai d'un port à saluer un bateau qui s'en va : il s'agit d'un double adieu. Tous les chefs-d'œuvre sont des poupées russes : le drame d'un destin personnel au cœur d'une époque qui bascule.

Pourquoi ce sentiment si fort de promenade ? Nous sommes dans un jardin, celui où saute Chérubin. Et nous savons que cet art a cette capacité de résumer l'entièreté de la planète en quelques allées et quelques perspectives. Dans la mort et la renaissance de quelques plantes nous voyons, derrière l'illusion de la maîtrise, notre fragilité première, le passage des saisons, le cycle et le déclin.

Souvenirs de Comtesses élyséennes

Le personnage de la Comtesse est l'une des plus belles créations mozartiennes. Chez Beaumarchais, elle n'est que l'épouse futile et désabusée d'un seigneur libertin. Chez Mozart, elle devient noble, vertueuse, d'une incroyable sensibilité et désespérément amoureuse de son cynique époux. Mozart lui ouvre les portes d'un nouvel univers et l'a fait s'échapper de la comédie pour devenir un véritable personnage de tragédie. Ses splendides airs sont parmi les plus belles pages de toute l'histoire de l'opéra. La flamme de l'amour conjugal s'en est allée et l'arrogance de son époux n'a plus de limite, lui qui comme « tous les maris modernes, [sont] par principe infidèles, par goût volages et par orgueil, tous jaloux ». Tout est dit de la tragi-comédie qui se joue sous nos yeux dans cette sentence. Effronté cynisme ou diabolique lucidité ?

Le Théâtre des frères Perret tout au long de son histoire eut le privilège de voir et d'entendre quelques belles Comtesses. La première, Ganna Walska, fit son apparition en 1924. Incroyable destin de cette très belle femme, icône des années folles parisiennes, habillée par Poiret, « croquée » par Erte et protégée du grand chef Walther Straram. Elle fut pendant près de cinquante ans la propriétaire du Théâtre, qu'elle avait reçu le plus simplement du monde comme cadeau de noces de l'un de ses six maris. *What else ?*

Affiche annonçant le Festival Mozart initié et dirigé par Walther Straram en juin 1924. Margaret Matzenauer et Ganna Walska y alternaient dans le rôle de la comtesse

© Théâtre des Champs-Elysées

Quatre ans plus tard, le mythique cycle Mozart de Bruno Walter marqua les esprits mais l'histoire retint plus le délicieux Chérubin de Lotte Schoene que la Comtesse de Renée Destanges. L'opéra de Vienne en tournée offrit après-guerre (1947, 1949, 1951) plusieurs trilogies Mozart-Da Ponte avec des distributions de rêve. Qu'on en juge : Maria Reining en Comtesse, Hans Hotter en Comte, Elizabeth Schwarzkopf en Suzanne, Erich Kunz en Figaro et Sena Jurinac en Chérubin...

Une longue période de près de trente ans avant qu'un nouveau miracle ne survienne sous le plafond de Maurice Denis avec, au début des années 80, une nouvelle trilogie signée du tandem Daniel Barenboim et Jean-Pierre Ponnelle. Leur comtesse aura la grâce juvénile de Julia Varady (la Suzanne de Kathleen Battle ne sera pas en reste d'espièglerie tout comme le Figaro de Feruccio Furlaneto).

Affiche annonçant le cycle Mozart dirigé par Bruno Walter en mai-juin 1928. Comme déjà en 1924, Renée Destanges y interprétait la Comtesse.

Cette trilogie scénique fit date dans les esprits avant qu'à l'orée des années 1990, Georg Solti à la tête du Chamber Orchestra en offre une vision tout aussi sensuelle même en version de concert. Là encore, du « beau monde » : Paris se régale du Chérubin d'Anne Sofie von Otter, de Furlanetto de nouveau en Figaro et de la royale Comtesse de Margaret Price.

Quelques années plus tard, ce sera au tour du duo Jean-Claude Malgoire et Pierre Constant d'explorer à leur tour la trilogie avec une pléiade de jeunes chanteurs dont le fondateur de la Grande Ecurie aimait à s'entourer. L'élégante production des *Noces de Figaro* de Robert Carsen et William Christie en 1994 réunissait quant à elle une génération d'interprètes anglais.

René Jacobs et Jean-Louis Martinoty revisitèrent l'esprit Mozartien au début des années 2000 et offrirent notamment sa première Comtesse parisienne à Véronique Gens qui connut ensuite tant de succès dans ce répertoire. Dernière en date à se parer des atours de la Comtesse sur cette scène, la jeune Vannina Santoni dans la production du cinéaste américain James Gray avec Jérémie Rhorer à la baguette. L'histoire des Comtesses élyséennes avenue Montaigne continue à s'écrire en lettres d'or.

Ganna Walska dans les années 20

Ganna Walska

Il est difficile de prêter ses traits d'artistes à une femme dont plus personne au monde n'a idée de ce que fut la voix, dont ne reste pas non plus de trace au disque. Une image seulement. Mais une image formidable, et qui certes ne dit rien de la chanteuse : impérieuse, intransigeante, imposant ses choix et ayant de quoi se les payer.

Le Théâtre des Champs-Elysées fut un de ses choix. Désirant y chanter, et ne trouvant pas de moyen de s'y faire inviter, elle se l'est fait offrir. Elle avait de quoi. De ses six mariages, deux furent dissous, dit-on, de la plus accommodante façon ; les deux maris milliardaires morts l'un après l'autre, et la veuve qui hérite, comme dans *Carmen*. Elle se paya d'abord un orchestre, avec Walther Straram, pour être sûre qu'elle serait soutenue au mieux. Elle améliora sa voix avec Frances Alda, top star au MET de New York, qu'elle traînait derrière elle toute une saison d'Europe, la présentant comme son profeseur de chant et dame de compagnie. Tous les toupets.
Le plus grand fut quand elle se distribua en Gilda de *Rigoletto* entre, excusez du peu, le céleste Dmitri Smirnov et Mattia Battistini.

Son espoir d'être reconnue n'y survécut pas. Elle essaya donc un autre moyen : se fondre dans une troupe, comme une illustre inconnue, et s'y révéler grâce à Mozart.

Ganna Walska dans les années 20 pour une publicité de son parfum « Divorçons »

En Comtesse des *Noces*, oui. Elle n'y mettrait pas les fioritures de Gilda. Le style seulement : son métier, au fait : les splendides programmes publiés par le Théâtre la montraient en maîtresse de la mode, supérieurement belle et bijoutée, faisant l'article pour ses propres parfums.

Un rêve de *Directa*, patronne *assoluta*, comme était Mary Garden à Chicago ? En Comtesse, elle alternait avec Margarete Matzenauer, une Comtesse pour Gutav Mahler à New York.

« Always room at the top », comme elle titrera son autobiographie. Mais avec quelle voix ? Elle a emporté sa voix dans sa tombe. Comme Malibran.

Maria Reining

Toute jeune encore, Vienne la consacrait merveille ; voix blonde avec des transparences de charme, et le rythme qu'il faut sans quoi on n'est pas viennois ; Lehar raffolait de Reining mais Salzbourg visait déjà plus haut : *Tannhäuser*, programmé par Bruno Walter pour l'été 38, qu'évidemment il ne put faire.

Ses emplois seraient en effet les wagnériennes blondes, comme on dit, Mozart et Strauss. L'après-guerre la vit émerger, la voix toujours blonde, mais autrement affirmée. Vienne la sacrait grande Dame. De fait, pour la Comtesse, elle s'appropria les grands rôles mondains de Richard Strauss, la Maréchale et Arabella. Une consécration de plus la fait immortelle, le disque. Pour Erich Kleiber elle a été la première Maréchale, restée classique. Et une première Comtesse aussi.

On les a entendues toutes les deux après-guerre avenue Montaigne, la première avec le jeune Solti et Francfort, la seconde dans une tournée de l'Opéra de Vienne conduite par Karl Böhm. A peine si le timbre, en pleine gloire, ajoutait un rien d'automnal, d'autant plus émouvant, dans ces transparences argentines. Le *legato*, la phrase, restaient essentiellement une tenue, un port. Reining était faite pour le théâtre, le jeu, le ton, la tenue en scène, la tenue tout court en vérité.

Maria Reining et Hans Hotter dans *Les Noces de Figaro* de Mozart.
Opéra de Vienne. Paris, Théâtre des Champs-Elysées, mars 1949.

En 1953 on sentait que déjà elle n'était plus à la mode. A côté de Seefried et Jurinac, ses Suzanne et Chérubin, l'avant-garde, elle sentait son avant-guerre. Et une mélancolie de plus nimbait cette Maréchale et cette Comtesse dans les voix de qui se dore en effet une douce mélancolie, bien élevée.

Margaret Price

L'or et le lait, le *legato,* la liquidité. Il y eut vingt ans durant lesquels personne au monde, femme ou homme, n'a chanté aussi bien que Margaret Price. Elle avait franchi ce qu'il faut d'échelons, on reconnaîtrait ce timbre, cette lumière au disque même dans une anonyme de Mozart. Mais en scène on ne l'a connue que reine, et combien en Mozart ! Cette Fiordiligi, cette Anna ou Comtesse surtout, sous les ors de Garnier en Comtesse Strehlérienne ou sous le plafond de Maurice Denis avec Solti. Avec cette voix il lui suffisait de mesurer encore mieux son souffle prodigieux et d'ajouter au timbre un peu d'émail pour tenir tête en Desdémone à des calibres comme Domingo et Vickers (qui la détestait : face à elle, ses « illusions » ne passaient pas).

L'ampleur du souffle, le soin des mots, la pure beauté de la voix étaient tels qu'au disque elle put oser Isolde : en compagnie de Carlos Kleiber cependant ! Premier degré et simple, bonne fille comme elle était restée, elle était partout accompagnée de chiens de son format à elle, qui portaient les deux noms d'opéra qui lui rappelaient ses meilleurs souvenirs : Tristan et Contessa. La voix flottait, liquide, inépuisable. Avec ses sons filés et son aigu facile, on l'attendait en Aïda. C'est en Comtesse mais aussi en Amelia du *Ballo in maschera* que Solti a su montrer une dimension dramatique d'elle insoupçonnée. On l'a vue en *Ariadne* de Strauss, sculpturalement idéale, et elle doit être aussi la seule à avoir entrepris *Ariadne* dans la version originale de 1912, avec aussi *Le Bourgeois Gentilhomme.*

Dame Margaret Price, 1977.

Elle fut la Comtesse lors de la création de la mythique production des *Noces de Figaro* signée Giorgio Strehler en 1973 à Garnier et ici-même celle de Georg Solti en version de concert en 1991.

Son jardin secret c'était le lied, et elle a su le faire très public. Sawallisch au piano l'y a immensément aidée. Schubert d'abord, Strauss ensuite très merveilleusement l'ont fait nous enchanter, avec toujours la même innocence, la même simplicité. *Morgen* de Strauss est resté incomparable : les mots ; la lumière. Exquise Dame Margaret ! Ce n'est pas l'ambition qui lui a valu son anoblissement, mais la part d'enfance que son chant a su préserver. Unique !

Jean-Pierre Ponnelle et Daniel Barenboim
à la table de régie au Théâtre des Champs-Elysées lors de la préparation de leur Trilogie Mozart-Da Ponte, printemps 1982.

C'est au cours du mandat de Daniel Barenboim à l'Orchestre de Paris qu'il lance le projet d'une Trilogie Mozart-Da Ponte confiée au metteur en scène Jean-Pierre Ponnelle. Entre 1982 et 1984 chaque printemps verra la création de l'un des trois ouvrages.

23 juin 1982 : Première de *Don Giovanni*
16 juin 1983 : Première de *Così fan tutte*
28 juin 1984 : Première des *Noces de Figaro*

La soprano Julia Varady fut de ces trois aventures mozartiennes puisque successivement Donna Anna, Fiordiligi et Comtesse. Lors de la reprise de la production des *Noces* en 1986, elle céda sa place à Leila Cuberli. Signalons également qu'un certain Jean-Louis Martinoty était l'assistant de Jean-Pierre Ponnelle pour cette Trilogie.

Julia Varady

A peine si elle avait paru à Paris, épisodique parmi les Elvire de Liebermann. Si Paris savait qui elle était, c'est comme épouse de Fischer-Dieskau. Ils faisaient couple à Munich, dans *Arabella* ou *Traviata*, de façon superbe. Au couple s'était adjoint, à Berlin, pour *Aïda*, Pavarotti soi-même. On n'est pas chez n'importe qui !

A Berlin l'équipe était complétée par Daniel Barenboim et Jean-Pierre Ponnelle ; long compagnonnage, et bientôt le souhait de Barenboim de faire une Trilogie à Paris, où il était patron de l'Orchestre de Paris. Ponnelle serait naturellement de l'aventure.

Bien entendu Fischer-Dieskau aurait les premiers rôles masculins, Varady les trois féminins. Finalement Fischer-Dieskau se déroba devant le Séducteur, il se sentait trop vieux. Mais la merveille était acquise : Varady serait là pour ses trois rôles. Elle électrisa le premier soir avec une Anna dévorée de passion ; et la virtuosité immobile mais intense de sa Fiordiligi enchanterait. C'est la Comtesse qui offrait le plus vrai challenge à cette instinctive née, vive en scène jusqu'à la violence (et sa voix, qui alors allait au fa, se colorait alors de raucités rentrées, inimitables).

La Comtesse demande une entière tenue. Même le cœur brisé, sa ligne de chant doit rester unie, comme en rêve. Et elle entre, elle commence à froid !

Varady démontra cette quadrature du cercle : une pureté d'archet à la corde, qui est en même temps une intensité émotionnelle à peine supportable. Paris ne l'a revue depuis que dans un triomphal *Nabucco*, à Bastille.

Mais combien étions nous à la suivre de Hambourg à Munich. Là, avec Fischer-Dieskau, elle fut de la sensationnelle création de *Lear*, de Reimann. Et, seule, une Leonore de *Forza*, une Santuzza, une Amelia, une Violetta, une Senta de feu et de larmes ont continué à exposer la seule grande tragédienne lyrique qui restât ; assez fière dans son métier pour le quitter avec éclat quand messieurs les metteurs en scène commencèrent à la traiter d'une façon indigne.

Julia Varady en Comtesse des *Noces de Figaro* mises en scène par Jean-Pierre Ponnelle, Théâtre des Champs-Elysées, juin 1984

La Comtesse de Véronique Gens et le Comte de Pietro Spagnoli
Les Noces de Figaro mises en scène par Jean-Louis Martinoty
Théâtre des Champs-Elysées, octobre 2001

© Photo Alvaro Yañez

Véronique Gens

A peine si elle était sortie du Jardin des voix de Christie. C'était à Lyon, dans l'Opéra pas encore renouvelé. Jean-Pierre Vincent avait réuni une équipe toute neuve, et montait *Figaro*. Au début de l'acte II, on a vu entrer une silhouette gracile doucement vibrante, portant toute la peine du cœur avec la simplicité nue qu'on n'ose qu'à son tout début ou une fois arrivé au comble de son art.

Véronique Gens a mûri. Ses rôles sont devenus divers, et sensiblement plus lourds. Si elle a pu si royalement porter cette maturation, c'est à cause de cette simplicité jamais perdue, et que d'autres espéreraient en vain. Elle a été la première Comtesse à Paris, dans la mise en scène ruisselant de tableaux de Martinoty.

Longtemps Paris, la France même, ont choisi d'ignorer un talent, une personnalité ne jouant que sur la vérité, pas la pose. On ne s'y doutait pas qu'ailleurs on l'invitait pour Eva des *Maîtres,* Fiordiligi, Donn'Elvire. Une très bonne fortune pour elle (pour lui aussi) a été sa rencontre avec Christophe Rousset, et leur collaboration. Leurs albums *Tragédiennes* la montraient sous tous les visages possibles de personnages de tragédie lyrique, réduits à leur déclamation, montrant comme on porte le cothurne et comment s'ennoblit un chant.

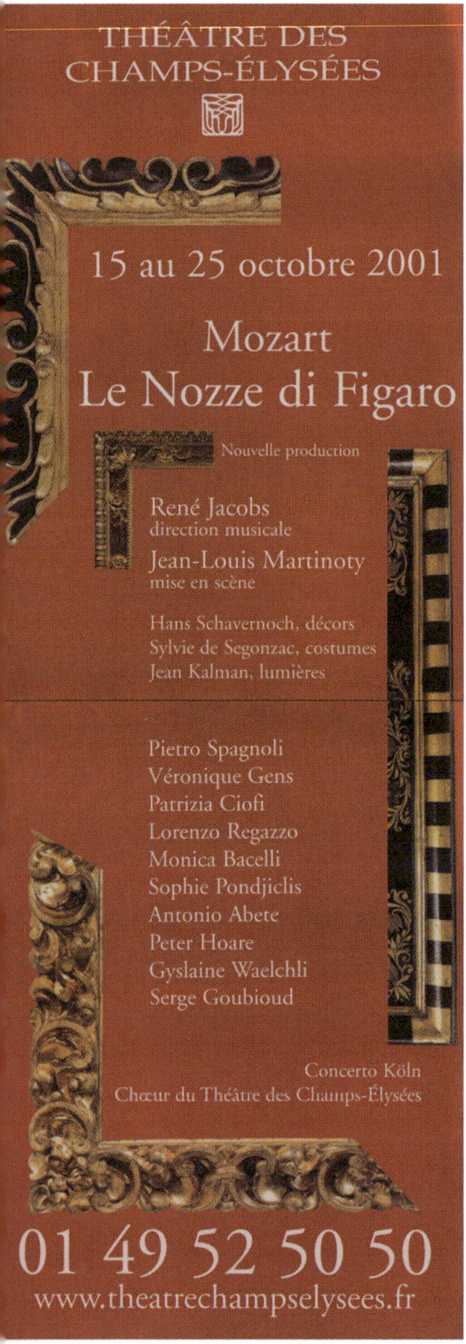

Certes ces personnages foudroyants étaient réduits à leurs airs, et on était au disque. Mais Véronique Gens y posait ce ton, cet aplomb, ne faisant que donner plus d'ampleur et de drapé, plus d'impact à ce qui restait une simplicité. Gluck, et Gluck dans sa force nue, y a gagné une Iphigénie rêvée et, à Garnier, une Alceste d'une noblesse dramatique et d'une tenue qui faisaient renaître en effet le temps des Tragédiennes.

C'est beau de chanter si bien dans sa propre langue, quand celle-ci est si difficile à chanter proprement. Mais son inlassable pratique de la mélodie a maintenu intactes chez Véronique Gens une liquidité et une lumière qui durent, et ne durcissent pas.

Affiche des *Noces de Figaro* pour les représentations d'octobre 2001.

Affiche des *Noces de Figaro* pour les représentations d'octobre 2019 offrant à Vannina Santoni l'occasion de sa première Comtesse parisienne. Direction musicale Jérémie Rhorer, mise en scène James Gray.

Anna Aglatova (Suzanne) et Vannina Santoni (la Comtesse) pendant les répétitions des *Noces de Figaro*, octobre 2019

Sources et crédits iconographiques

Alamy Stock Photo
(couverture, p. 2-3, p. 4, p. 6-7, p. 8, p. 12, p. 14, p. 18 et p. 20-21)
Fonds Archives du Théâtre des Champs-Elysées
(p. 27, p. 28, p. 30, p. 32, p. 42, p. 44, p. 45 et p 46-47)
Fonds Roger-Viollet (p. 35, p. 37 et p. 41)
RMN-Grand Palais / Château de Versailles (p. 10)